Die besten Ausreden für smarte Kids

Die besten Ausreden für smarte Kids

Xenos

Inhaltsverzeichnis

Vielleicht ist es Sache des Temperaments, des erlittenen Geschicks und der persönlichen Geistigkeit, ob jemand mit hellen und frohen Augen in die Welt blickt oder mit verschleierten und getrübten. Oder ob jemand die Menschengeschichte als Chaos von Blut und Tränen begreift oder als einen Strom mühsamen, aber erfahrbaren Fortschritts. Ja, letztlich, ob jemand Christenheit als Kümmerformen religiösen Lebens versteht oder als Vertiefung gläubiger Existenz.«

Das Geheimnis
der Weihnachtszeit
zaubert mir
schon am Morgen
ein lichtes Lächeln
auf mein noch
müdes Gesicht.
Trostgedanken
wachsen mir leise
von innen her zu,
und mein Herz
weitet sich
zu einer Herberge
des Friedens.
Christa Spilling-Nöker

In der Schule

Hausaufgaben? Ja, hab ich schon mal gehört ...

Ich habe meine Hausaufgaben am Computer gemacht und als ich sie ausdrucken wollte, habe ich festgestellt, dass der Drucker nicht funktioniert.

Ich habe mir gestern in der Autotür den Finger geklemmt. Danach konnte ich keinen Stift mehr halten.

Mein kleiner Bruder hat die ganze Tinte von meinem Aufgabenblatt geleckt.

Ich konnte mich einfach nicht überwinden, meine Zeit mit solch einem Unsinn zu verschwenden.

Wir haben einen Hundewelpen zu Hause. Eigentlich zerkaut er nur Mamas Schuhe, aber gestern hatte er wohl mal Lust auf Mathe. Tja, die Schnipsel hier waren mal mein Heft.

Mein großer Bruder muss heute Morgen versehentlich mein Deutschheft eingesteckt haben.

Ich habe mein Heft vergessen.

Ich war am Wochenende mit meinen Eltern in der Kirche. Der Gottesdienst hat mich so beeindruckt, dass ich danach gar nicht mehr an so irdisches Zeug wie Hausaufgaben denken konnte.

Ich habe aus Versehen meinen Aufsatz mit den Zeitungen weggeschmissen.

Ich wollte eigentlich heute blaumachen, deshalb habe ich gar keine Hausaufgaben gemacht. Aber meine Mutter hat mir keine Entschuldigung geschrieben.

Mein kleiner Bruder schmeißt neuerdings alles, was er in die Finger bekommt, ins Wasser, weil es so toll platscht. Heute Morgen ist mein Matheheft in der Badewanne gelandet.

Meine Hausaufgaben sind vom Tisch gefallen und im Hundenapf gelandet. Da hat unser Hund meine Hausaufgaben mit seinem Fressen verwechselt.

Heute Morgen wollte ich meiner Mutter die Hausaufgaben zeigen, da hat sie versehentlich ihren Kaffee drübergeschüttet.

Es war so kalt gestern Abend und da haben wir den Kamin angemacht. Seitdem habe ich mein Matheheft nicht mehr gesehen.

Ich konnte gestern meine Brille nicht finden. Und ohne Brille kann ich weder lesen noch schreiben.

Wir waren am Wochenende in den Bergen. Ich hatte natürlich meine Mathesachen dabei, um meine Hausaufgaben dieses Mal besonders gründlich zu machen. Aber als ich da am Abhang saß und meine Aufgaben machte, kam ein Windstoß und alle Zettel flogen ins Tal.

Das ist mir letztens schon aufgefallen: Immer wenn meine Cousinen da waren, fehlt etwas. Dieses Mal müssen sie mein Englischheft mitgenommen haben. Anders kann ich mir das Verschwinden nicht erklären.

Gestern hat mich eine Wespe gestochen, direkt am Daumen. Da konnte ich natürlich mit der Hand nicht mehr schreiben, schon gar nicht meine Hausaufgaben!

Mir ist aufgefallen, wie viel Zeit Sie immer benötigen, die Aufgaben zu korrigieren. Da dachte ich, ich könnte mir auch noch etwas Zeit lassen.

Gestern war einfach nicht mein Tag. Die Hausaufgaben hätten mir den Rest gegeben.

Gerade als ich mit den Hausaufgaben fertig war, ist der Computer abgestürzt. Da war es aber schon so spät, dass ich nicht alles noch einmal machen konnte.

Unser Kanarienvogel ist gestern aus seinem Käfig ausgebrochen und hat auf meine Matheaufgaben gemacht. Das hat das Papier natürlich sofort weggeätzt.

Ich hatte mir ganz fest vorgenommen, heute fehlerfreie Hausaufgaben zu präsentieren. Aber Paul wollte mich einfach nicht abschreiben lassen!

Gestern habe ich mich ein bisschen danebenbenommen, deshalb musste ich nach dem Abendbrot sofort ins Bett und konnte meine Hausaufgaben nicht mehr machen.

Gestern war so ein schöner sonniger Tag. Da habe ich es gar nicht eingesehen, in meinem Zimmer zu sitzen und Hausaufgaben zu machen, bis es dunkel wird.

Ich dachte, ich könne meine Hausaufgaben heute Morgen noch schnell in der Bahn machen. Aber ich musste die ganze Fahrt über stehen.

Meine Oma vergisst andauernd, was sie gerade gemacht hat. Gestern hat sie das Esszimmer aufgeräumt, nachdem ich dort meine Hausaufgaben gemacht hatte. Nun weiß sie nicht mehr, wo sie mein Aufgabenheft hingelegt hat.

Ich habe die Hausaufgabe einfach nicht verstanden. Und meine Eltern konnten mir auch nicht erklären, was ich machen soll.

Ich musste auf meine kleine Schwester aufpassen. Das war so anstrengend, dass ich nicht einmal an meine Hausaufgaben denken konnte.

Völlig verschlafen habe ich heute Morgen meinen Stundenplan mit Mamas Einkaufszettel verwechselt, der auch am Kühlschrank hängt. Darauf stand nix von Physik, deshalb habe ich meine Sachen nicht dabei!

Meine kleine Schwester soll heute etwas in die Schule mitbringen, das sie total bewundert. Da hat sie sich mein Matheheft ausgesucht.

Mein Kater hatte Geburtstag und ich hatte versprochen, mit ihm zu feiern.

Gestern hatten wir auch in den anderen Fächern so viel auf – Deutsch, Englisch, Latein ... Da bin ich einfach über den Matheaufgaben eingeschlafen und erst heute Morgen wieder aufgewacht.

Wir haben gar kein Auto. Wie soll ich Ihnen dann sagen, wie lange man braucht, wenn man 100 Kilometer mit 50 km/h fährt. Soll ich das etwa mit dem Fahrrad testen?

Als ich gestern mit dem Fahrrad nach Hause gefahren bin, hat sich meine Schultasche geöffnet und es sind meine ganzen Hefte rausgefallen. Ich habe es erst gemerkt, als ich schon zu Hause war. Natürlich bin ich gleich los, um wieder alles einzusammeln. Bis auf mein Deutschheft mit dem Aufsatz habe ich auch alles gefunden!

Ich dachte, die Aufgaben waren für Englisch und nicht für Mathe. Da habe ich die Matheaufgaben einfach nur übersetzt.

Ich gebe sogar einem Mädchen aus der zweiten Klasse Nachhilfe in Deutsch. Da habe ich es doch nicht mehr nötig, Hausaufgaben zu machen!

Das Unwetter hat unsere Wohnung überflutet und die Hausaufgaben weggespült.

Meine kleine Schwester hat mein Heft zerkaut.
Sie bekommt nämlich gerade Zähne.

Glauben Sie mir: Es müssen Außerirdische sein. Gestern waren völlig unerklärlich meine Deutschhausaufgaben verschwunden, heute fehlt mein Matheheft. Da bekommt man ja richtig Angst!

Ich musste meiner Oma beim Einkaufen helfen. Da war für meine Matheaufgaben einfach keine Zeit mehr.

Ich dachte, es wäre als Gedächtnistraining sinnvoll, wenn ich die Hausaufgaben nicht mehr aufschreibe, sondern viel besser nur im Kopf habe.

Meine Tinte war leer, alle Bleistifte abgebrochen, der Anspitzer verschwunden und der Computer in der Reparatur. Ich hatte einfach keine Chance!

Bei uns hat der Blitz eingeschlagen und den Computer zerstört.

Ich habe meinen Stundenplan nicht gefunden und wusste deshalb nicht, dass wir heute Mathe haben.

In meinem Schulbuch fehlt die Seite, auf der die Übung steht. Die muss ein anderer Schüler vor mir herausgerissen haben.

Mein Hund hat auf den Drucker gepinkelt und da ist er explodiert. Dann konnte ich meine Hausaufgaben natürlich nicht mehr ausdrucken.

Ich will den Papiermüll der Umwelt zuliebe reduzieren.

Ich konnte die Hausaufgaben in Erdkunde nicht machen, weil ich meinen Atlas nicht gefunden habe.

Bei uns sind gestern die Wasserrohre geplatzt. Da konnte ich die Kunstaufgabe nicht machen, weil wir kein Wasser mehr für die Wasserfarben hatten.

Mein kleiner Bruder bekommt gerade Zähne, deshalb brüllt er unentwegt. Ich kann mich, wenn ich zu Hause bin, überhaupt nicht mehr konzentrieren.

Ich dachte, wir hätten für die Hausaufgabe eine Woche Zeit!

Wenn ich heute früher nach Hause gehen darf, habe ich etwas mehr Zeit für die Hausaufgaben. Vielleicht klappt es dann!

Nachdem ich meine Hausaufgaben erledigt hatte, schien gestern den ganzen Nachmittag die Sonne durch das Fenster auf mein aufgeschlagenes Heft. Da war die ganze Schrift ausgeblichen.

Ich dachte, die Aufgabe sollten wir mündlich machen.

Mein Buch ist unter das Bett gefallen. Es war zu dunkel, um es wiederzufinden.

Ich war gestern beim Zahnarzt und hatte solche Schmerzen, dass ich den ganzen Tag nichts mehr machen konnte.

Ich hatte heute bei dem schlechten Wetter keinen Schirm dabei, da hat der Regen meine Tinte von den Blättern gewaschen.

Ich hatte die Hausaufgabe ganz sicher irgendwo hier in dieser Mappe ...

Wir haben über Ostern das Haus meiner Oma ausgeräumt. Darüber konnte ich nun wirklich keinen vierseitigen Aufsatz schreiben!

Meine fleischfressende Pflanze hat den Aufgabenzettel komplett vernascht.

Mein Goldfisch ist so neugierig. Und als er nicht aufhörte, durch das Glas auf mein Matheheft zu starren, habe ich es näher ranhalten wollen und versehentlich ins Wasser getaucht. Dabei ist dann die Tinte verlaufen.

Ich wusste nicht mehr, was wir aufhatten. Und weil unser Telefon kaputt ist, konnte ich niemanden anrufen und fragen.

Ich hatte keine Zeit mehr, die Hausaufgaben abzuschreiben.

Ich habe erst gestern erfahren, dass Whitney Houston (oder jemand anderes) gestorben ist. Da hatte ich einfach keinen Kopf für Hausaufgaben.

Die Rohstoffe gehen langsam auf der Welt zu Ende. Da möchte ich nicht noch mehr Holz verschwenden, indem ich in Hefte schreibe.

Fällt diese Art von Hausaufgaben nicht unter Kinderarbeit? Denn die ist in Deutschland ja bekanntlich verboten!

Mein Bruder hat mein Buch versteckt, um mich zu ärgern. Und nun weiß er nicht mehr, wo es ist.

Ich konnte die Hausaufgaben nicht auf dem Computer schreiben, da meine Mutter will, dass wir Strom sparen.

Ich habe gestern Poker gespielt und meine Hausaufgabe verzockt.

Ich habe gestern nach der Schule den falschen Zug nach Hause genommen und bin in einen Zug eingestiegen, der bis nach Rom fuhr. Als ich endlich wieder zu Hause war, war es zu spät, um noch Hausaufgaben zu machen.

Meine Urururururoma ist gestorben.

Ich musste mein Zimmer gestern aufräumen und jetzt weiß ich nicht mehr, wo ich meine Schulsachen hingeräumt habe.

Ich habe meine Hausaufgaben unter dem Kopfkissen vergessen. Ich dachte, ich präge sie mir im Schlaf besser ein, wenn ich sie darunterlege.

Ich habe die Datei überspeichert, auf der die Hausaufgabe war.

Meine Mutter meinte, ich verbringe zu viel Zeit vor dem Fernseher. Da habe ich mich mit Freunden getroffen und hatte keine Zeit mehr für Hausaufgaben.

Die Polizei hat unsere Wohnung durchsucht und meine Hausaufgaben beschlagnahmt.

Ich hatte einen Sonnenbrand auf meiner Hand und konnte nicht mehr schreiben.

Ich habe mir meine Hände gestern mit Feuchtigkeitscreme eingeschmiert und konnte den Stift nicht mehr halten.

Gestern war bei uns eine partielle Sonnenfinsternis, da war es zu dunkel zum Schreiben.

Ich habe mir die Hausaufgaben auf einem Zettel notiert, aber mein Bruder hat einen Papierflieger daraus gebaut und ihn aus dem Fenster fliegen lassen.

Es heißt HAUSaufgaben und nicht SCHULaufgaben! Warum soll ich sie dann mit in die Schule bringen?

Heute habe ich die Hausaufgaben vergessen, tut mir leid. Aber dafür mache ich sie morgen doppelt!

Ich hatte so Mitleid mit meinem Klassenkameraden, weil er keine Hausaufgaben machen konnte, da habe ich ihm meine gegeben.

Ich habe meine Hausaufgaben versehentlich auf ein Löschblatt geschrieben. Da hat es alles Geschriebene weggelöscht.

Meine kleine Schwester hatte kein Papier zum Malen mehr und hat mein Heft vollgekritzelt.

Ich habe gestern meinen Hamster begraben und meine Hausaufgaben blöderweise auch.

Unsere Heizung ist ausgefallen und wir hatten kein Feuerholz mehr. Da musste ich meine Hausaufgabe verbrennen, damit wir nicht erfrieren.

Robert und ich haben die Hausaufgaben zusammen gemacht, aber ich habe vergessen mitzuschreiben.

Meine Mutter hat gestern mein Zimmer gesaugt und versehentlich meine Hausaufgaben mit aufgesaugt.

Auf dem Weg nach Hause habe ich einen Obdachlosen gesehen, dem ganz fürchterlich kalt war. Ich habe ihm mein Buch gegeben, damit er sich ein Feuer machen kann.

Meine große Schwester spielt jeden Tag auf dem Klavier. Gestern hat sie stundenlang geübt, so dass ich keine Chance hatte, mich bei den Hausaufgaben zu konzentrieren.

Ich wurde entführt und jetzt gerade erst wieder freigelassen.

Ich hatte keine Lust, gestern die Aufgaben zu machen. Und als ich dann Lust bekommen habe, war es schon zu spät.

Ich war krank.

Mich hat heute ein Mann in der U-Bahn angesprochen: Er fand meinen Aufsatz so gut, dass er ihn als Buch veröffentlichen möchte, und hat meine Hausaufgabe gleich zur Veröffentlichung mitgenommen.

Mama hat es heute Morgen einfach nicht mehr geschafft, den Aufsatz für mich zu schreiben.

Ich wurde überfallen und mein Schulranzen wurde mit den Hausaufgaben geklaut.

Mein Heft war voll, da hatte ich keinen Platz mehr für die Hausaufgaben.

Die Sonne schien gestern so hell, da habe ich nichts mehr gesehen.

Es war gestern so heiß, da haben meine Blätter mit den Aufgaben angefangen zu brennen.

Gestern war es so laut im Unterricht, da habe ich wohl nicht mitbekommen, dass Sie uns was aufgegeben haben.

Meine Schwester hat mein Heft mit ihrem Tagebuch verwechselt. Ich wollte ihre Gefühle nicht jedem offenbaren.

Ich habe mein Chemiebuch aus Versehen in die Bücherei zurückgegeben.

Haben Sie meine E-Mail mit meinen Hausaufgaben nicht erhalten?

Ich wollte Sie beeindrucken, indem ich Ihnen alles aus dem Kopf aufsage, ganz ohne Aufschreiben. Doch nun habe ich leider alles vergessen.

Nicht gelernt?

Eigentlich wollte ich heute Morgen in der Bahn noch lernen. Da war es aber so laut, dass ich mich überhaupt nicht konzentrieren konnte.

Wieso auswendig lernen? Ist es nicht am wichtigsten, in der Schule das selbstständige Denken zu fördern?

Nachdem ich zwei Stunden an meinen Mathehausaufgaben gesessen hatte, war ich so auf Zahlen eingestellt, dass es mir unmöglich war, noch das Gedicht auswendig zu lernen.

Ich habe mich auf dem Stundenplan verguckt und dachte, wir hätten erst morgen wieder Englisch. Deshalb habe ich gestern auch keine Vokabeln gelernt.

Mein Gehirn schafft anscheinend immer wieder Platz für Neues, wenn Altes abgefragt wurde. Den ganzen Nachmittag habe ich gestern Vokabeln gelernt. Ich konnte alle. Abends hat mein Vater mich dann abgefragt – seitdem weiß ich keine einzige Vokabel mehr.

Ich wusste nicht, dass man unregelmäßige Verben regelmäßig lernen muss.

Ich wollte im Bus lernen, aber dann bin ich doch mit dem Fahrrad gefahren.

Unterrichtsbeteiligung? Sie machen das doch ganz gut da vorn!

Wie, Erlebniserzählung? Was soll ich denn erzählen? Bei mir war am Wochenende nichts los.

Ich kann heute nicht gut sprechen. Ich hab so ein Kratzen im Hals.

Doch, ich habe Ihnen zugehört! Ich war nur gerade etwas abgelenkt, weil ich mir die Matheformeln noch einmal habe durch den Kopf gehen lassen.

Doch, doch, Mathe ist mein absolutes Lieblingsfach! Ich löse die Aufgaben nur lieber alleine in meinem Heft als mündlich oder an der Tafel.

Ich wollte mich ja melden, aber mein Arm ist eingeschlafen.

Bin gleich für Sie da. Muss nur grad meiner Oma eine Gute-Besserung-SMS schicken.

Warum soll ich mich am Unterricht beteiligen und Ihnen Antworten geben? Sie wissen doch viel besser Bescheid über das Thema!

Ich dachte, ich würde Sie damit beeindrucken, wenn ich immer nur weise und bedächtig nicke.

Draußen flog eben so ein schöner Vogel vorbei. Da hab ich einen Moment lang alles um mich herum vergessen. Worum geht es noch mal in dieser Stunde?

Ich wollte Sie nicht unterbrechen. Sie waren grad so in Fahrt!

Ich bleibe lieber auf der Bank sitzen, denn es hat gar keinen Sinn mit mir und Fußball. Seitdem ich im Verein Handball spiele, fange ich jeden Ball, der auf mich zufliegt, mit den Händen!

Ich habe eine partielle Zungenlähmung.

Tut mir leid, wie war die Frage? Ich war von Ihrem schönen neuen Pullover so abgelenkt.

Zu dem Thema habe ich aus persönlichen Gründen einfach nichts zu sagen.

Doch, ich habe zugehört, aber die Hintergrundgeräusche waren so laut.

Gestern hat der Gärtner unsere gesamte Hecke mit einer Motorsäge runtergeschnitten. Das war ein Lärm! Seitdem höre ich nicht mehr richtig.

Reden ist Silber. Schweigen ist Gold.

Das Hörgerät, das mein Hals-Nasen-Ohren-Arzt mir empfiehlt, ist momentan leider nicht lieferbar. So lange werde ich nicht aktiv am Unterricht teilnehmen können.

Ja, ich weiß die Antwort. Äh ... Aber ich müsste erst einmal ganz dringend auf die Toilette!

In der Pause hat mich ein Ball am Kopf getroffen. Seitdem weiß ich nicht mehr, was wir in der letzten Stunde gemacht haben und kann deshalb heute nichts zum Unterricht beitragen.

Ich habe mir den Fuß verknackst. Deshalb kann ich heute leider nicht an die Tafel kommen.

Das Frühstück liegt mir noch zu schwer im Magen.

Mein Vater hat gesagt, diese grünen Tafeln dürfte man eigentlich gar nicht mehr benutzen. Whiteboards sind das einzig Wahre. Deshalb weigere ich mich, mit dieser veralteten Kreide zu schreiben!

Meine Schulter ist ausgekugelt. Deshalb kann ich den Arm nicht bis zur Tafel hochheben.

Wenn ich immer das, was ich weiß, laut sagen würde, kämen Sie und die anderen gar nicht mehr zu Wort!

Ich würde sehr gerne etwas zu dem Einfluss der Deutschen auf den Zweiten Weltkrieg sagen. Aber ich war nicht dabei!

Natürlich höre ich Ihnen zu! Ich verstehe nur nicht, was Sie sagen.

Beim Wettlaufen verliere ich immer. Dies hat Auswirkungen auf mein Selbstwertgefühl und meine Motivation. Deshalb, wenn Ihnen etwas an mir liegt: Verschonen Sie mich!

Nach dem Sport bin ich immer so abgelenkt. Da wir heute noch einen Vokabeltest schreiben, mache ich beim 1000-Meterlauf lieber nicht mit.

Ich wollte vermeiden, dass Sie mich am Ende für einen Klugscheißer halten.

Gestern habe ich meiner Mutter den ganzen Tag im Haushalt geholfen. Jetzt habe ich so einen Muskelkater, dass ich unmöglich beim Geräteturnen mitmachen kann!

Ich wollte mich nicht einmischen.

In der nächsten Stunde schreiben wir eine Mathearbeit. Darauf freue ich mich schon den ganzen Tag und möchte nicht riskieren, mir beim Handball das Handgelenk zu verstauchen.

Irgendwas an Ihnen ist heute anders als sonst. Deshalb bin ich so abgelenkt!

Ich freu mich schon so auf Mathe in der nächsten Stunde, deshalb war ich kurz abgelenkt.

Ich dachte, ich lasse mal den anderen den Vortritt. Ich wusste natürlich die Antwort.

Doch, ich schreibe mit. Ich musste nur gerade einen Moment über Ihre weisen Worte sinnieren.

Ich würde ja gerne vorlesen, was Sie an die Tafel geschrieben haben. Ich kann es aber leider nicht lesen.

Ich kann mich nicht konzentrieren. Es ist viel zu heiß hier drinnen.

Ich habe Sie akustisch nicht verstanden.

Rein anatomisch ist es mir leider nicht möglich, beim Geräteturnen mitzumachen!

Sie haben doch selbst vor ein paar Tagen gesagt, dass man zu seinen Fehlern stehen soll. Ich habe mich nun endlich damit abgefunden und stehe dazu, dass ich nicht schwimmen kann!

Lena hat Bauchschmerzen. Und damit sie nicht so alleine ist, melde ich mich freiwillig und warte mit ihr in der Umkleidekabine, bis der Sportunterricht vorbei ist.

Sie sind mein Vorbild. Und Sie machen ja auch nie mit!

Während der Fußball-WM habe ich in meinem Kopf keinen Speicherplatz mehr für andere Themen. Tut mir leid.

Ich habe meine Sportsachen vergessen.

Ja, ich weiß die Antwort. Und Sie?

Das Quietschen der Kreide auf der Tafel bereitet mir sofort Kopfschmerzen. Deshalb kann ich nicht an der Tafel schreiben.

Ich hab einen Krampf im Bein.

Ich hab versehentlich statt der Hallenschuhe meine Fußballschuhe mit Stollen eingepackt.

„Mogeln“ ist so ein hartes Wort …

Ich bin so aufgeregt, deshalb habe ich nervöses Augenzucken.

Ich habe nicht abgeguckt, ich schiele nur ab und an ein bisschen.

Ich habe es doch nicht nötig, abzuschreiben! Ich wollte nur gucken, ob Ronja auch alles richtig macht.

Ich wollte nur mal bei Robert gucken, ob ich auch wirklich den richtigen Test ausgeteilt bekommen habe. Ich kann nämlich mit keiner einzigen Frage etwas anfangen.

Ich wollte doch nur mal sehen, ob Anne-Marie alles richtig macht. Schließlich weiß ich doch, wie sehr sie darum bangt, von einer glatten 1 auf eine 1- abzurutschen!

Ich habe Lina nichts vorgesagt. Manchmal führe ich Selbstgespräche, ohne dass ich es merke. Meine Oma macht das auch.

Ich dachte, am wichtigsten sei es, dass wir unsere Teamfähigkeit verbessern. Nur deshalb habe ich mich mit Manuel abgestimmt.

Es gibt da so eine Augenübung beim Yoga zur Konzentrationsförderung. Die wollte ich grad nur mal ausprobieren.

Der Zettel da gehört nicht mir. Jemand muss ihn mir zugeschoben haben!

Was würden Sie denn machen, wenn jemand Sie um Hilfe bittet? Ich kann doch meine Klassenkameraden nicht im Stich lassen, wenn Sie mich auf Knien darum bitten, bei mir abschreiben zu dürfen!

Das hat gar nichts zu bedeuten, wenn ich so ein bisschen auf Finns Heft gucke. Ich bin so kurzsichtig, dass ich eh kein Wort lesen kann.

Wie kommen Sie denn darauf, dass ich die Lösungen auf der Toilette versteckt habe? Nur weil ich schon das siebte Mal auf der Toilette war? Ich habe eine ernsthafte Blasenentzündung!

Ich habe nur nachgesehen, ob Sarah auch wirklich ihren eigenen Namen oben auf den Test geschrieben hat.

Elisa hat so eine schöne Handschrift, da musste ich immer wieder hinschauen.

Nee … ja, stimmt, ich war nicht da …

Upps, verspätet …

Mir ist ein Eichhörnchen vors Fahrrad gelaufen, das ich erst einmal zum Tierarzt bringen musste.

Mir hat auf dem Schulweg ein Vogel auf den Kopf gemacht. Da musste ich wieder umdrehen und noch einmal zu Hause duschen.

Der Bus ist einfach an mir vorbeigefahren!

Ich musste heute vor der Schule erst einmal meine kleine Schwester in den Kindergarten bringen. Und Sie glauben ja nicht, wie so ein kleines Kind trödeln kann!

Meine Eltern sind beide vor mir aus dem Haus gegangen und haben die Tür von außen abgeschlossen. Da musste ich mir etwas ausdenken und bin umständlich aus dem Fenster geklettert.

Meinem Vater ist heute Morgen die Krawatte in den Toaster geraten! Das war eine Aufregung am Frühstückstisch. Da haben wir natürlich alle nicht mehr daran gedacht, dass wir eigentlich längst losfahren mussten!

Ich habe mir am Gartenzaun die Hose aufgerissen und musste noch einmal rein, um mich umzuziehen. Ich will doch ordentlich aussehen, wenn ich bei Ihnen im Unterricht sitze.

Wir haben einen Hundewelpen, mit dem ich nun jeden Morgen spazieren gehen muss. Ich brauche ein paar Tage, bis ich den neuen Zeitablauf verinnerlicht habe. Spätestens nächste Woche habe ich mich bestimmt daran gewöhnt und komme nicht mehr zu spät.

Ich habe auf dem Weg noch Blumen für Sie besorgt. Sie lagen bis eben noch hier. Ich weiß wirklich nicht, wer sie weggenommen hat. Sie waren so schön - da konnte irgendjemand nicht widerstehen.

Immer wenn ich im Bus stehen muss, wird mir hundeelend. Deshalb habe ich drei Busse vorbeifahren lassen. Erst der vierte war so leer, dass ich sicher sein konnte, einen Sitzplatz zu bekommen.

Mir ist keine Ausrede mehr eingefallen, warum ich meine Hausaufgaben schon wieder nicht habe. Da dachte ich erst, ich bleib lieber zu Hause, bin dann aber doch losgegangen.

Mein Wecker hat nicht geklingelt.

Am Schultor war ich pünktlich, aber leider habe ich so lange die Treppen hoch gebraucht.

Ich hatte meinen Schulranzen im Flur vergessen. Das habe ich natürlich nicht gleich gemerkt und musste auf halber Strecke noch einmal umkehren.

Ohne meine Mutter ist mein Vater völlig aufgeschmissen. Kaum ist sie mal einen Tag weg, müssen wir uns das Frühstück selber machen, die Schulsachen selber packen und und und ... Das kostet richtig Zeit!

Mir wird beim Busfahren oft übel. Heute musste ich bei jeder Station aussteigen und mich übergeben.

Mir ist auf dem Weg ein Schnürsenkel gerissen und ich musste noch einmal nach Hause.

Ich hatte vergessen meinem Hamster frisches Wasser hinzustellen. Das ist mir erst am Schultor eingefallen. Und so bin ich den ganzen Weg nach Hause wieder zurückgegangen, um den Kleinen zu versorgen. Das ist doch meine Pflicht!

Das Frühstück war so lecker, dass ich völlig die Zeit vergessen habe.

Meine Mutter hat vergessen Wäsche zu waschen, da hatte ich nichts Sauberes zum Anziehen.

Unser kleines Baby schreit so fürchterlich nachts, dass ich mich richtig an den Lärm gewöhnt habe und auch den Wecker nicht mehr höre.

Meine Mutter ist nicht da und mein Vater hat vergessen mich aufzuwecken.

Der Busfahrer, der dienstags (jeweils an Wochentag anpassen) den Bus fährt, kann mich nicht leiden. Deshalb fährt er immer vorbei und ich muss laufen.

Ich habe meine Schuhe nicht gefunden.

Als ich merkte, dass es zeitlich etwas knapp wird, wollte ich ja mit dem Auto kommen, aber meine Eltern haben mich nicht gelassen!

Tut mir leid, dass ich zu spät bin. Aber wissen Sie, wenn meine große Schwester vor mir das Bad erreicht, habe ich keine Chance mehr. Die Tür öffnet sich frühestens nach einer Stunde wieder!

Ich habe nicht das richtige Klassenzimmer gefunden.

Ich wurde von der Polizei angehalten, weil ich zu schnell gefahren bin.

Meine Mutter hat vergessen, dass wir heute später Unterricht haben. Und als sie zur Arbeit ging, hat sie mich versehentlich im Haus eingesperrt, weil sie ja dachte, ich sei schon in der Schule.

Ich habe nicht damit gerechnet, so lange zu schlafen.

Es hat so viel geschneit, da war unsere Einfahrt mit den Schneemassen blockiert.

Ich stand 30 Minuten am Fahrscheinautomaten, weil die Schlange so lang war.

Mein Rucksack war so schwer, weil ich so viele Bücher tragen musste, da habe ich es die Treppen nicht nach oben geschafft.

Ich konnte mich nicht entscheiden, was ich anziehen soll.

Ich bin mit der U-Bahn 20 Minuten in die falsche Richtung gefahren, bevor ich es gemerkt habe.

Ich habe es nicht geschafft, aus meinem neuen Wasserbett aufzustehen.

Ich dachte, wir hätten heute frei.

Oh, ich bin zu spät? Da ist wohl meine Uhr stehen geblieben.

Mein Hund ist weggelaufen.

Mein Bruder hat den Wecker verstellt.

Ich hatte zu viel Gegenwind auf dem Fahrrad.

Der Bus war so überfüllt, da kam ich einfach nicht mehr rein.

Mein Handyakku war leer, den musste ich erst aufladen.

Mein Arzt sagt, mindestens acht Stunden Schlaf wären gut. Ich muss also immer eine Stunde später kommen, sonst schlafe ich zu wenig.

Meine Mutter hat mir heute kein Pausenbrot gemacht.

Ich wollte heute Morgen eine Abkürzung ausprobieren, aber jetzt weiß ich, dass es keine ist.

Ich habe meine Schuhe nicht gefunden und musste deshalb meine Rollerskates anziehen. Als ich an der Schule ankam, konnte ich nicht bremsen und bin am Ziel vorbeigerollt.

Irgendwie habe ich heute für den Weg länger gebraucht.

Ich bin bei der Freiwilligen Feuerwehr und heute Morgen war ein wichtiger Einsatz!

Ich wollte die Umwelt schonen und bin nicht wie sonst mit dem Auto gefahren, sondern gelaufen. Die Strecke bin ich jedoch noch nie gelaufen und wusste somit nicht, wie lange es dauert.

Mein Fahrrad wurde geklaut.

Ich habe gar kein Fahrrad.

Mein Vater hat mich anstatt zur Schule in seine Arbeit mitgenommen.

Ich habe vergessen meine Uhr auf Sommerzeit umzustellen.

Meine kleine Schwester hat meine Zahnbürste heute früh benutzt, um unseren Hund zu bürsten. Ohne saubere Zähne wollte ich nicht zur Schule.

Die Ampel wollte einfach nicht grün werden.

Der Zeitungsartikel war zu lang, ich bin einfach nicht rechtzeitig fertig geworden.

Ich bin doch fast pünktlich.

Der Toaster ist nicht von alleine ausgegangen. Dann hat das Brot angefangen zu brennen und der Rauchmelder ging los. Ich konnte gerade noch abwenden, dass die Feuerwehr vor der Tür steht. Aber dieser Zwischenfall hat natürlich viel Zeit gekostet.

Ich habe mein Frühstück in der Pfanne angebrannt und dabei ist so viel Rauch entstanden, dass ich die Haustür nicht mehr gefunden habe.

Ich bin an der Endstation der U-Bahn aufgewacht.

Ich habe Anja gefragt, ob sie für mich mitschreiben kann. Also habe ich ja wohl nichts verpasst.

Ich musste die Treppen hierher hochsteigen, weil der Fahrstuhl defekt ist.

Das Fußballspiel im Stadion war zu Ende und 75.000 Menschen sind mir auf der Straße entgegengekommen. Da war einfach kein Durchkommen.

Bei meinem Fahrrad ist die Luft raus.

Der Bankautomat wollte meine EC-Karte nicht wieder rausrücken.

Ich bin gestern im Museum eingeschlafen. Man hat mich nicht bemerkt und ich kam erst heute bei der Öffnung raus.

Ich bin nicht zu spät, Sie sind nur viel zu früh!

Gestern hat jemand bei uns angerufen und gesagt,
die erste Stunde würde ausfallen!

Mein Fahrrad hat kein Navi. Da hab ich mich verfahren.

Mein Vater wollte mich mit dem Auto zur Schule fahren,
aber er hat vergessen mich mitzunehmen.

Zwei Schüler haben mir meinen Rucksack geklaut. Da bin ich wieder nach Hause gefahren, um meine Hausaufgaben noch einmal zu schreiben.

Der Busfahrer hat sich verfahren.

Wir wohnen im vierten Stock ohne Lift. Und ausgerechnet heute bekomme ich eine unglaubliche Höhenangst auf der obersten Stufe und kann keinen Schritt mehr tun!

Hollywood hat angerufen.

Ich bin auf dem Weg hierher ausgerutscht und in einer Pfütze gelandet. Da musste ich noch einmal nach Hause und mich umziehen.

Ich hab mich verlaufen.

Bei Facebook stand, dass heute in allen deutschen Schulen aufgrund eines besonderen Anlasses die erste Stunde ausfällt.

Die Bahn streikt.

Unsere Putzfrau ist krank. Deshalb musste ich heute Morgen das ganze Haus putzen, bevor ich zur Schule gehen durfte.

Es gab noch einen Zwischenfall von höchster internationaler Priorität. Ich bin natürlich an die Schweigepflicht gebunden.

Ich musste nach dem Frühstück noch meiner Mutter beim Abwaschen helfen.

Ich bin in Hausschuhen losgegangen. Das habe ich erst auf halbem Weg gemerkt und bin schnell nach Hause gelaufen, um mir meine richtigen Schuhe anzuziehen.

Ich bin nur deshalb zu spät gekommen, weil meine kleine Schwester gestern Abend statt ihrer Quietschente meinen Wecker mit in die Badewanne genommen hat. Der war dann natürlich kaputt und keiner hat mich heute Morgen geweckt!

Upps, gestern war ich gar nicht da ...

Meine Mutter hat über Nacht vergessen, dass ich schon eingeschult wurde, und hat mich gestern im Kindergarten abgegeben.

Ich hab schlicht und einfach vergessen, dass ich in die Schule muss!

Unser Hund hat Angstzustände und kann nicht alleine bleiben. Da bin ich gestern zu Hause geblieben, um ihm Gesellschaft zu leisten.

Ich bin das siebte Kind in der Familie und somit automatisch Patenkind des Bundespräsidenten. Er kam gestern zum Kaffeetrinken und ich musste vormittags mein Zimmer aufräumen!

Meine Mutter hatte mich den Abend zuvor versehentlich in der Abstellkammer eingesperrt und es nicht gemerkt. Sie hat mich gestern erst am Nachmittag wiedergefunden.

Ich musste noch kurz auf die Toilette, bevor ich gestern aus dem Haus und zur Schule gehen wollte. Da kam ich unten nicht mehr aus der Gästetoilette, denn die Tür klemmt. Und meine Eltern waren nicht mehr da, um mich zu befreien. So habe ich meinen Tag gestern auf dem Klo verbringen müssen.

Meine Eltern haben mich gestern auf einer Raststätte vergessen.

Meine Oma löst ihre Wohnung auf und als ihr Enkel fühlte ich mich gestern verpflichtet, alle Fotoalben mit ihr durchzugehen.

Papa meint immer, die Autofahrt zurück aus dem Urlaub sei viel entspannter, wenn man einen Tag NACH Ende der Schulferien fährt!

Ich musste mich von der Klassenreise erholen.

Mein Opa kann nicht mehr alleine mit der Bahn fahren, hatte aber gestern Vormittag einen wichtigen Arzttermin. Da hab ich ihm meine Begleitung angeboten!

Meine Oma war krank und ich habe mich um sie gekümmert.

Ich habe verschlafen. Und als ich aufgewacht bin, war es schon so spät, dass es sich gar nicht mehr gelohnt hat zu kommen.

Alle haben gestreikt! Nein, nicht nur die Bahn. Auch der Bus. Und mein Fahrrad. Und sogar mein Vater – der wollte mich einfach nicht mit dem Auto zur Schule fahren.

Ich habe gestern den ganzen Tag geschlafen. Keiner hat es geschafft, mich zu wecken.

Oh, gestern war gar kein Feiertag?

Ich musste den ganzen Vormittag auf den Kanarienvogel unserer Nachbarin aufpassen.

Ich habe ein neues Fahrrad. Mit dem zu fahren ist ein unglaubliches Gefühl! Und als ich gestern damit zur Schule gefahren bin, konnte ich einfach nicht absteigen und bin immer weiter und weiter gefahren!

Meine Schwester macht seit Kurzem eine Ausbildung zur Friseuse. Und als sie gestern ganz selbstverständlich zu Hause geblieben ist, dachte ich, es sei Sonntag. Dabei hat ja der Friseursalon montags geschlossen!

Meine Mutter hat mir am Wochenende die Haare geschnitten. Sie hat sie so verschnitten, dass ich mich nicht mehr aus dem Haus getraut habe. Ich musste natürlich zu einem richtigen Frisör, doch leider hat der montags zu. Also musste ich bis heute Morgen warten. Erst jetzt kann ich mich wieder unter Menschen wagen.

Ich dachte, ich würde eine Grippe bekommen, und wollte nicht die ganze Klasse anstecken.

Zu Hause

Ach Mama,
das bisschen Haushalt ...

Mein Zimmer und andere schmutzige Angelegenheiten

Mein Zimmer ist nicht unordentlich. Das kreative Chaos gehört zu meinem neuen Image!

Sei doch froh, Mama. Viele Eltern wünschen sich ein Kind, das keine Probleme in Mathe hat. Ich habe halt Probleme damit, Ordnung zu halten. Na und? Dafür gibt es doch keine Noten.

Sieh es mal so: Wenn ich die Wäsche aufhänge, dann ist sie nach dem Trocknen so zerknautscht, dass du alles bügeln musst. Du sparst also Zeit, wenn du die Wäsche selber aufhängst.

Warum soll ich aufräumen? Mir gefällt doch die Unordnung!

Ich bin mir sicher, es dauert noch ein paar Jahre, bis ich ausziehe. Also, warum muss ich das Bügeln jetzt schon üben?

Ich kann die Toilette nicht putzen. Papa ist auf Geschäftsreise und hat seine Zahnbürste mitgenommen.

Es fördert mein Erinnerungsvermögen, wenn ich nicht aufräume. Ist doch logisch: Ich muss mir immer merken, wo sich was in diesem genialen Chaos befindet!

Na gut. Aber lass dir gesagt sein: Wenn ich dir jetzt helfe, schreibe ich morgen bestimmt eine 5 in Mathe, da ich ja keine Zeit habe, zu lernen.

Staubsaugen? Klar, mache ich später. Aber ich muss unbedingt erst einmal meine Physik-Hausaufgaben erledigen.

Ich bin nicht faul, Mama. Ich liege hier und beobachte ganz genau, was du wie machst. Das merke ich mir, und wenn ich einmal ausziehe, kann ich meiner Putzfrau ganz genau erklären, wie man den Haushalt am besten führt!

Ich hab da so eine These: Wenn ich in meinem Zimmer Staub wische, sieht es nach zwei Tagen wieder genauso aus wie vorher. Wenn ich es aber so lasse, kommt kein neuer Staub dazu, denn er sieht ja, dass der Platz schon besetzt ist. Also spar ich mir die Arbeit.

Tut mir leid, ich würde dir wirklich gerne helfen, aber ich bekomme immer so einen komischen Ausschlag, wenn ich mit Putzmitteln in Berührung komme.

Du weißt doch, ich habe eine Stauballergie. Und wenn ich putze, wird Staub aufgewirbelt und mir tränen sofort die Augen.

Hast du noch nie etwas vom „Shabby Chic“ gehört? Das ist jetzt total in. Deshalb dachte ich, mein Zimmer einfach mal nicht aufzuräumen und zu putzen - das müsste doch aufs Gleiche rauskommen!

Du weißt doch, wie sehr mir meine Mathe-Note am Herzen liegt. Die sehe ich allerdings sehr gefährdet, wenn ich jeden Tag nach dem Essen ewig damit verbringe, den Tisch abzuräumen.

Ich kann dir nicht beim Rasenmähen helfen. In meinem Alter bin ich viel zu gefährdet, Heuschnupfen zu bekommen.

Ich habe ein Rosenheckentrauma. Bitte frag nicht weiter und verschone mich mit der Gartenarbeit!

Warum soll ich denn Laub harken? Nach einer Stunde ist eh wieder der ganze Rasen voller Blätter!

Ich arbeite wirklich gerne mit im Garten. Ich habe bloß Angst, dass ich die Blumen, die du gerne im Beet behalten möchtest, mit Unkraut verwechsle.

Weißt du noch, als ich mit einem Jahr in die Brennnesseln gefallen bin? Nicht? Na ja, ich auch nicht, aber es muss irgendwie mit meiner Phobie gegen Gartenarbeit zusammenhängen.

Du weißt doch, dass ich ein Herz für Tiere habe. Deshalb kann ich dir nicht dabei helfen, das Beet umzugraben - nachher töte ich versehentlich noch einen Regenwurm!

Warum muss ich denn die Blumen im Garten gießen? Draußen in der Natur kommt ja schließlich auch keiner mit 'ner riesigen Gießkanne und gießt alle Pflanzen. Dann können unsere Blumen doch auch auf den Regen warten, oder?

Och Mama, gib's doch zu: Ich muss dir nur helfen, weil Papa zu faul ist. Aber ich habe vielleicht auch keine Lust!

Ich habe Ferien. Das bedeutet so etwas wie Urlaub. Und im Urlaub will man doch mal so richtig ausspannen.

Warum soll ich denn Fenster putzen? Du sagst doch immer, dass du es nicht leiden kannst, wenn die Nachbarn reingucken.

Du bringst mich in Lebensgefahr, wenn du mich die Fenster putzen lässt. Stell dir mal vor, ich falle aus dem dritten Stock! Kannst du das wirklich verantworten?

Ich kann den Staubsauger nicht benutzen. Dieser bedrohliche Lärm macht mich fertig!

Ich behaupte doch gar nicht, dass ich Hoppel nie haben wollte. Ich meine mich nur zu erinnern, dass ich nicht zugestimmt habe, als du sagtest: Dazu gehört aber, dass du jedes Wochenende den Käfig sauber machst!

Meine Spielsachen liegen doch nicht einfach herum! Die sind Teil meiner fiktiven Welt.

Es hat einen Grund, dass ich mir für mein Zimmer diese stacheligen Kakteen ausgesucht habe – die muss man nämlich nicht gießen! Und nun erwartest du von mir, dass ich jeden Tag mit einer Gießkanne durch alle anderen Zimmer renne? Nee, bestimmt nicht!

Nee, Papa, das musst du doch nun wirklich langsam mal alleine können!

Es ist wirklich keine gute Idee, dass ich den Müll runterbringe. Ich krieg diese Mülltrennung mit den ganzen verschiedenen Tonnen einfach nicht auf die Reihe.

Der Staubsauger und ich harmonieren nicht richtig!

Staubsaugen, um diese Zeit? Wir müssen wirklich mehr Rücksicht auf die Nachbarn nehmen.

Also, das stimmt nicht: Ich lasse nicht alles wahllos herumliegen. Ich denke bloß immer, ich könne es irgendwie irgendwo noch gebrauchen.

Was, ich soll den Hamsterkäfig schon wieder sauber machen? So ein kleines Tier kann doch in so kurzer Zeit nicht so viel Dreck machen.

Wie kann denn das Aquarium schmutzig sein? Da ist doch Wasser drin!

Die Spinnweben an meiner Wand lasse ich extra da. Dann habe ich im Sommer weniger Insekten im Zimmer!

Staubsaugen, in meinem Zimmer? Du weißt doch, dass Hamsti das nicht mag!

Ich habe Angst davor, in meinem Zimmer die Fenster zu putzen. Nein, nicht weil ich denke, ich könnte dabei hinausfallen. Wenn sie sauber sind, könnten die Vögel dagegenfliegen!

Du findest es zu unordentlich? Tja, nur das Genie beherrscht das Chaos!

Wie soll ich das denn meiner Lehrerin erklären? Etwa so: Tut mir leid, Frau Schmidt, ich konnte leider nicht den Aufsatz schreiben, da ich meiner Mutter im Haushalt helfen musste?

Kinderarbeit ist in Deutschland verboten!

Mein toller großer Bruder ist doch immer der Meinung, dass er alles besser kann. Ich dachte, er möchte das heute vielleicht auch im Bereich Haushalt unter Beweis stellen!

Ich lasse die Rollläden nur deshalb tagsüber unten, weil ich auch am Tage Angst vor Einbrechern habe.

Ich bin nicht zu faul, jeden Morgen meine Gardinen zu öffnen. Ich will nur nicht, dass die Leute tagsüber in mein Zimmer gucken können!

Es gibt doch wohl keine größere Zeitverschwendung, als das Bett zu machen! Heute Abend leg ich mich ja eh wieder rein und mache es unordentlich.

Solange Goldi noch den Weg von einem zum anderen Ende des Aquariums findet, sehe ich keinen Grund, das Aquarium zu putzen.

Warum soll ich denn meine Klamotten in den Schrank räumen? Ich ziehe sie doch morgen eh wieder an!

Ich habe vor einer halben Stunde alles picobello aufgeräumt. Hamsti muss mein Zimmer wieder so zugerichtet haben!

Wenn alles so sauber und aufgeräumt ist, fühle ich mich in meinem Zimmer einfach nicht wohl.

Ich habe einen harten Schultag hinter mir. Jetzt kann ich dir nicht auch noch beim Abwaschen helfen!

Das letzte Mal habe ich beim Abwaschen die halbe Küche unter Wasser gesetzt. Das wollen wir doch nicht noch einmal riskieren, oder?

Du kannst doch viel besser kochen als ich. Warum sollte ich das dann heute übernehmen?

Ich kann nicht kochen. Ich verwechsle chronisch Zucker und Salz!

Wie, Schule?
Ich bin doch zu Hause!

Ja, klar mache ich meine Hausaufgaben noch. Die können aber warten. Die Sonne wartet nicht, bis ich mit den Hausaufgaben fertig bin, sondern geht einfach unter.

Ich brauch doch keine Nachhilfe! Das ist eine vorübergehende Lernfaulheit, sonst nichts. Das wird schon wieder!

Meine Schultasche packe ich lieber erst morgen früh.
Wer weiß, was bis dahin noch alles passiert!

Ich habe meine Schultasche nur deshalb noch nicht gepackt, weil ich im Bett noch ein wenig in meinem Physikbuch lesen möchte!

Wenn ich schon am Abend meine Schultasche packe, habe ich nachts Albträume von der Schule!

Ich habe meine Schultasche schon gepackt. Lisa muss sie wieder ausgeräumt haben!

Ist es nicht furchtbar, schon am Abend zu wissen, wie schwer der Schulranzen am nächsten Morgen sein wird?

Ihr glaubt meiner Lehrerin mehr als mir? Ich sage euch doch, ich habe das Handy im Unterricht nur benutzt, um im Internet zu recherchieren. Ich wollte den Unterricht bereichern. Und nein, ich habe nicht mit Moritz gechattet.

Ich habe Bio nicht geschwänzt! Ich habe nur nicht am Unterricht teilgenommen, weil das Thema der Stunde „Drogen" war. Und ihr habt doch gesagt, dass ich alles meiden soll, was mit Drogen zu tun hat.

Ich weiß doch gar nicht, was in dem Diktat vorkommt. Wie soll ich denn dafür üben?

Ihr habt doch gesagt, dass man heutzutage mit dem technischen Wissen immer ganz vorne dabei sein muss, um mal einen guten Job zu bekommen. Ist doch klar, dass ich dann auch mein Smartphone in den Unterricht miteinbeziehe.

Ich habe die Hausaufgaben schon in der Schule erledigt.

Vielleicht ruft ja morgen früh noch jemand an, um mir mitzuteilen, dass der Matheunterricht ausfällt. Deshalb mache ich meine Hausaufgaben erst kurz vorher. Andernfalls laufe ich Gefahr, dass ich den ganzen Kram umsonst mache!

Ich habe geträumt, dass das Lernen für die Schule zu Hause verboten ist.

Wenn ich so fleißig wäre, wie ihr es von mir verlangt, würden mich meine Klassenkameraden für einen Streber halten und ich würde nie mehr glücklich!

Ich mache ja meine Hausaufgaben! Wir spielen momentan im Sportunterricht Basketball. Und jetzt gehe ich raus und übe zusammen mit Toni für die nächste Stunde.

Ich bin gar nicht so schlecht. Dieser kleine Ausrutscher in Mathe rückt mich in völlig falsches Licht.

Die Lehrerin mag mich nicht. Deshalb bekomme ich so schlechte Noten.

Ich habe nur deshalb eine 5 in dem Aufsatz, weil meine Lehrerin Angst vor Spinnen hat. Und davon handelte mein Aufsatz nun einmal.

Da kann ich doch nichts für! Diese unangekündigten Vokabeltests kommen einfach immer so überraschend!

Ich bin gut genug in Mathe. Ich brauche heute keine Hausaufgaben zu machen!

Aber es ist bestimmt viel besser für meine Konzentration, wenn ich jetzt erst einmal an der frischen Luft Fußball spiele und meine Hausaufgaben später mache.

Wenn ich heute wieder meine Hausaufgaben so gründlich erledige, denkt meine Lehrerin, dass ich mich so kurz vor den Zeugnissen nur einschleimen will.

Das, was da im Zeugnis steht, ist wirklich erstunken und erlogen! Ich quatsche nicht ununterbrochen im Unterricht, sondern tausche mich ab und zu mit meinen Freunden über den Unterricht aus.

Zeugnis? Ja, habe ich bekommen. Nee, habe ich nicht hier, muss ich auf dem Weg nach Hause verloren haben.

Zeugnisse wurden von der neuen Regierung abgeschafft. Wusstet ihr das nicht?

Ich war so wütend über die Lügen in meinem Zeugnis, dass ich es zerrissen und weggeworfen habe!

Ich werde erst nächste Woche in der Lage sein, euch das Zeugnis zu zeigen. Ich bin zutiefst verletzt über die Behauptungen, die da drinstehen.

Die müssen meine Deutschnote mit meiner Sportnote verwechselt haben!

Dass ihr auf die Noten immer so großen Wert legen müsst, wirklich enttäuschend. Es sind doch die inneren Werte, die zählen!

Teamgeist ist das A und O. Deshalb gehe ich jetzt zu Jakob und mache gemeinsam mit ihm meine Hausaufgaben.

Mama, hast du nicht gestern noch zu Papa gesagt, dass du viel zu viel arbeitest und deine Freundinnen schändlich vernachlässigst? So geht es mir auch. Deshalb gehe ich jetzt erst einmal mit Pauline ins Kino und mache meine Hausaufgaben heute Abend. Ich setze halt Prioritäten.

Das Zeugnis kann nicht meins sein, da haben die bestimmt den falschen Namen draufgeschrieben!

Körper und Geist sind doch eins, oder? Dann freut euch doch wenigstens über meine Eins in Sport und meckert nicht immer über meine Vier in Deutsch!

Als wir vorhin die Zeugnisse bekommen haben, wollte ich es gleich in die Klarsichthülle stecken, die ihr mir mitgegeben habt. Dann aber, gerade als ich die Hülle rausholte, hat Moritz seinen Orangensaft umgekippt und mein ganzes Zeugnis war hinüber. Die Lehrerin bringt mir nach den Ferien ein neues mit.

Keine Sorge, meine Lehrerin hat gesagt, dass sie sich bei meinen Noten auf dem Zeugnis vertippt hat. Ich bekomme bestimmt nach den Ferien ein neues ...

Warum hat die Lehrerin angerufen? Was? Aber nein. Ich würde niemals abschreiben, Papa! Hannes und ich haben bloß bei der Mathearbeit im Team gearbeitet! Und du sagst doch selber immer: Teamgeist ist das A und O!

Die Lehrerin versucht doch dich reinzulegen! Erst ruft sie bei dir an und behauptet, ich hätte bei Lea abgeschrieben. Und dann ruft sie bei Leas Mutter an und sagt, Lea hätte bei mir abgeschrieben. Das ist hinterhältig, denn sie hat anscheinend keine Beweise!

Mir fällt zwar keine Ausrede mehr ein, aber ich habe absolut keine Lust, heute Hausaufgaben zu machen!

Ich muss weg!

Oder: Ich will heute Nacht woanders schlafen, weil ...

Ich möchte nur deshalb bei Paul schlafen, damit wir noch einmal in Ruhe die Mathe-Hausaufgaben durchgehen können.

Annas Mutter serviert morgens vor der Schule immer frisches Obst und Gemüse. Wenn ich bei ihr schlafe, kann ich mich am nächsten Tag in der Schule viel besser konzentrieren.

Ach Mama, Papa ist doch auch manchmal auf Geschäftsreise und danach versteht ihr euch viel besser. Ich denke, bei uns verhält sich das ähnlich!

Wenn ich ab und zu mal woanders schlafe, weiß ich viel besser zu schätzen, wie schön es zu Hause ist.

Natürlich würde ich es schön finden, zu Hause zu bleiben. Aber ich kann ja niemanden hierher einladen, so unordentlich, wie es hier ist.

Marie hat Angst im Dunkeln und kann nicht alleine einschlafen. Nur deshalb muss ich bei ihr übernachten!

Jonas' Vater hat Mathe studiert und will heute Abend noch mit uns üben!

Mira hat keine Geschwister, deshalb können wir uns bei ihr viel besser konzentrieren, um uns auf die Englisch-Prüfung vorzubereiten.

Ich habe Raphael versprochen, dass ich ihm heute Abend Nachhilfe in Deutsch gebe. Das dauert sicher einige Zeit, deshalb nehme ich vorsichtshalber meine Schlafsachen mit.

Leon und seine Familie wohnen am Stadtrand und dort ist die Luft viel besser. Ich dachte mir, ich müsse dringend mal wieder frische Luft schnappen!

Wir sollen doch ein Referat über ein exotisches Tier halten. Lottes großer Bruder hat zwei Vogelspinnen und die wollen wir heute Nacht beobachten.

Ninas Mutter arbeitet gerade an einem sozialen Projekt. Und dabei wollen wir ihr heute Abend helfen.

Du sagst doch immer, dass ich mir mal Gedanken über meine spätere Berufswahl machen sollte. Das habe ich mir zu Herzen genommen und entschieden, dass ich deshalb heute Abend mit Antonia Germany's Next Topmodel sehen muss.

Wenn ihr mir endlich eine Playstation kaufen würdet, müsste ich mir nicht ständig dämliche Ausreden ausdenken, warum ich bei Henry schlafen will.

Mein Zimmer ist zu unordentlich, als dass ich Thorben zu mir einladen könnte. Deshalb schlafe ich besser bei ihm!

Genau unter meinem Bett muss eine Wasserader sein. Ich kann einfach nicht richtig schlafen. Und da ich morgen fit sein möchte für die Schule, schlafe ich besser heute Nacht bei Sebastian.

Maximilians Eltern sind beide Universitätsprofessoren. Wenn ich bei ihnen im Haus übernachte, gehen die intelligenten Schwingungen auf mich über und ich schreibe morgen bestimmt eine Eins in Mathe!

Ich übernachte doch nur deshalb ab und an bei meinen Freunden, damit ihr auch mal eure Ruhe habt!

Wir haben so viel zu bequatschen und ihr wollt doch nicht, dass wir das im Unterricht machen!

Wenn ich die Wahl hätte, würde ich auch lieber hierbleiben. Lisa und ich wollen aber heute Abend noch für die Physik-Arbeit morgen lernen!

Bürsten, Baden, Zähne putzen

Es ist nicht mehr viel Zahnpasta in der Tube, deshalb dachte ich, ich spare mir das Zähneputzen heute, damit ihr noch etwas habt!

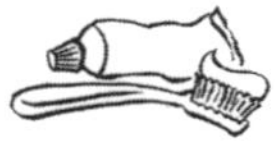

Natürlich habe ich schon Zähne geputzt, wirklich! Was? Ach so, na klar ist die Zahnbürste trocken – ich habe sie ja im Anschluss gleich trocken geföhnt!

Nach dem Zähneputzen habe ich immer einen so ungewohnten Geschmack im Mund.

Wenn ich das Gesicht immer eincreme und die Haut gewöhnt sich zu sehr daran, bin ich völlig aufgeschmissen, wenn ich einmal in der Wildnis alleine zurechtkommen muss. Deshalb gewöhne ich mich lieber gar nicht erst daran!

Denk doch nur einmal daran, wie viel kostbares Trinkwasser dabei draufgeht, wenn ich jeden Abend dusche!

Ich will, dass es sich so richtig lohnt! Deshalb dusche ich lieber nur einmal am Ende der Woche.

Ich glaube, meine Lehrerin mag den Geruch meines Duschgels nicht und hat deshalb unterbewusst eine Ablehnung gegen mich. Ich dusche also lieber nur samstags – ihr wollt doch auch, dass ich gute Noten habe, oder?

Zähneputzen? Das spar ich mir heute, damit es sich morgen richtig lohnt.

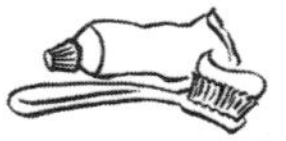

Hier, da steht es auf der Packung: Von Kindern fernhalten!

Dieser Luxus der täglichen Körperpflege ist absolut unnötig, unmoralisch und falsch!!

Ich brauche die langen Fingernägel zum Klettern.

Ich brauche meine Hände nicht mehr zu waschen. Rex hat sie schon abgeleckt.

Natürlich habe ich meine Hände NICHT gewaschen. Wir sollen doch nicht so viel Wasser verschwenden!

Meine Haut wird immer so trocken von der Seife.

Tut mir leid, ich kann mir die Hände nicht waschen. Ich habe die Seife versehentlich in der Toilette runtergespült.

Meine Füße können gar nicht schmutzig sein! Ich trage ja den ganzen Tag Socken!

Ich habe gehört, dass einem bei übermäßigem Haarebürsten die Haare ausfallen. Deshalb habe ich beschlossen, meine Haare nur noch jeden zweiten Tag zu bürsten.

Wasser ist einfach nicht mein Element!

Ich habe meine Haarbürste verloren.

Wir müssen doch Strom sparen! Deshalb benutze ich meine elektrische Zahnbürste heute lieber nicht.

Ich habe eine Allergie gegen all unsere Seifen und Shampoos entwickelt.

Na gut, ich verstehe, dass ich nach dem Essen die Hände waschen soll, weil wir nicht noch mehr Essensreste an den Wänden haben wollen. Aber warum um alles in der Welt muss ich sie vor dem Essen waschen?

In meinem Horoskop stand: „Wenn Sie nicht aufpassen, gehen Sie mit Ihren Plänen baden.“ Ich weiß zwar noch nicht, was meine Pläne sind, aber ich passe auf, dass ich nicht baden gehe!

Der Hund muss ja auch nicht jeden Tag in die Badewanne. Dabei hat der nicht mal Schuhe an, wenn er rausgeht. Und er legt sich immer so, wie er ist, draußen in den Dreck. Das mache ich nur ganz selten.

Wenn ich volle zwei Minuten meine Zähne putze, werde ich so traurig über den Gedanken, dass manche Kinder auf der Welt nicht einmal eine Zahnbürste haben, dass ich danach nicht mehr einschlafen kann. Deshalb bringe ich es immer so schnell wie möglich hinter mich.

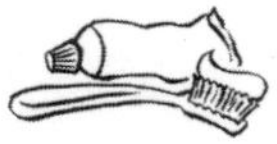

Oh, ist das schön schaumig! Dieses schöne Bad würde Frieda sooo gut gefallen. Es macht mich zwar traurig, aber: Ich lasse meiner kleinen Schwester den Vortritt.

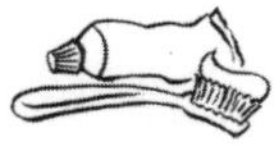

Unmöglich, dass ich mir heute die Zähne putze! Gestern habe ich beobachtet, wie Mama mit einer Zahnbürste die Toilette geputzt hat. Das Risiko, dass sie heute dafür meine verwendet haben könnte, ist mir viel zu groß. Ihr wollt doch nicht, dass ich Albträume bekomme, oder?

Am Tisch

Ich schmatze nur deshalb, damit du auch weißt, wie gut es mir schmeckt!

Die Füße hatte ich nur kurz auf dem Tisch, damit Elisa mal gucken kann, ob meine Füße auch wirklich beide gleich groß sind.

Wieso? In manchen Ländern wäre es eine Beleidigung für den Koch, wenn ich nicht rülpsen und schmatzen würde. Das muss dich doch freuen!

Manche Suppen MUSS man vom Löffel schlürfen. Sonst schmecken sie nur halb so gut!

Seht ihr, ich sag's ja: Gemüse kann nicht gut sein – nicht einmal der Hund isst es!

Deine Servietten sind so schön. Ich traue mich einfach nicht, sie zu benutzen.

Es gibt eine ganz einfache Erklärung dafür, dass man rülpsen MUSS, wenn man etwas mit Kohlensäure getrunken hat. Die Luft, die man mittrinkt, muss wieder raus. Da kann man nichts gegen machen.

Ich stopfe nicht! Ich dachte nur, wenn ich langsamer esse, erwecke ich den Eindruck, dass es mir nicht schmeckt.

Doch, ich habe eine Gabel und ein Messer bekommen.
Ich wollte das Besteck nur nicht schmutzig machen.

Nachdem ich die Suppe schon mit dem Löffel gegessen habe, dachte ich, ich könnte dich beim Abwaschen entlasten, indem ich auch den Hauptgang und den Nachtisch damit esse.

Doch, doch, Ihr Essen ist ganz hervorragend, Frau Siebenstein. Ihr Hund sah nur so hungrig aus, da hatte ich Mitleid und habe brüderlich geteilt.

Ja, aber die Kartoffeln schmecken nicht einmal halb so gut, wenn ich sie nicht in die Soße mansche. Das wäre doch schade!

Siehst du, ich kann viel mehr von den ach so gesunden Kartoffeln essen, wenn ich sie ordentlich in die Soße mansche. Das ist doch in deinem Sinne, oder?

Oh, Entschuldigung. Ich habe den Rosenkohl wirklich ganz aus Versehen fallen lassen.

Ich weiß nicht, wo unser Geschirr ist.

Ich lasse ja doch alles fallen. Deshalb nehme ich die Teller lieber nicht in die Hand.

Nein danke, das mit dem Tischdecken brauch ich nicht üben, ich habe es in der Theorie oft genug durchgespielt!

Ich kann den Tisch nicht decken. Ich habe die Hände noch nicht gewaschen!

Natürlich warte ich nicht, bis alle am Tisch sitzen. Du hast doch selber gesagt, dass das Essen schnell kalt wird.

Ich habe gar nicht gemerkt, dass ich mit den Fingern esse.

In meinem Kopf ist so viel Mathe, dass ich ihn stützen muss. Nur deshalb habe ich die Ellenbogen auf dem Tisch.

Ich muss immer erst die ganze Brühe aus der Suppe essen, bevor ich die Klöße und Nudeln essen kann. Warum? Na, das ist wie auf dem Sprungbrett im Schwimmbad: Erst muss Wasser im Becken sein, dann kann man reinspringen. Genauso verhält es sich in meinem Bauch.

Natürlich habe ich Tischmanieren! Die spare ich mir aber für andere Gelegenheiten auf. Hier bin ich doch zu Hause und brauche mich nicht zu verbiegen.

Ich kipple nicht ungeduldig mit dem Stuhl! Das sind meine Übungen für die Prüfung beim Geräteturnen morgen.

Die Suppe ist viel zu gut, als dass ich auf die Reste, die ich gerade mit der Zunge rausgeschleckt habe, verzichten könnte!

Ich schlürfe nicht! Ich wollte euch nur eine besondere musikalische Unterhaltung bieten.

Rund um den Tisch, vor und nach dem Essen, nicht berechenbare Schokosucht …

Heute kann ich nicht beim Aufdecken helfen, ich muss vorm Essen noch Mathe lernen.

Ich weiß, ich hätte den Adventskalender nicht gleich am ersten Tag komplett leeren sollen. Aber ich habe Papa heute Morgen zu Pauli sagen hören: Was du heute kannst besorgen, das verschiebe nie auf morgen! Tja, und da lag die Sache plötzlich ganz klar vor mir …

Das Essen war so lecker, dass ich viel zu viel davon gegessen habe. Ich würde ja gerne beim Abräumen helfen, aber ich kann mich einfach nicht mehr bewegen.

Doch, ich habe die Serviette gesehen. Ich dachte nur, ich nehme lieber meinen Ärmel, weil der Pulli ja eh in die Wäsche muss, und mach die Serviette nicht auch noch schmutzig!

Denk doch nur einmal an die vielen hungernden Kinder und daran, wie viel mehr Essen wir wegwerfen würden, wenn ich nicht immer mein Messer ablecken würde, nachdem ich mir ein Brot geschmiert habe!

Sorry! Tisch abdecken ist heute nicht ... Mein Aufsatz ruft!

Ich bin in der Wachstumsphase! Ich bin schlicht und ergreifend nicht in der Lage, mit dem Essen zu warten, bis sich endlich alle am Tisch zusammengefunden haben. Bis dahin hat mein Körper alle Ressourcen aufgebraucht.

Ich dachte, die Schokolade müsse dringend gegessen werden. Schließlich läuft das Verfallsdatum nächste Woche ab!

Überall und nirgendwo

Auf der Straße

Tut mir wirklich leid, Herr Polizist, ich wollte nicht bei Rot über die Straße gehen. Aber wissen Sie, es ist ganz schlimm: Ich bin farbenblind.

Ich wusste nichts von links vor rechts – oder andersrum?

Oh, kein Licht? Das ist nicht meine Schuld. Das Fahrrad hatte schon kein Licht, als ich es geklaut habe.

Die Ampel war wirklich gerade eben erst rot geworden!

Ich wollte doch nur mal testen, ob ich mit meinem Fahrrad die Autos einholen kann!

Es sah so aus, als sei der Zebrastreifen gesperrt.

Bis gestern war die Ampel da hinten noch gesperrt.
Ich wusste nicht, dass sie wieder funktioniert.

Mein Fahrrad hat einen Platten und deshalb gehe ich diese Strecke das erste Mal zu Fuß. Tut mir leid, dass ich auf dem Fahrradweg gegangen bin.

Oh, man muss auf dem Fußweg gehen? Mein Vater fährt mich sonst immer mit dem Auto zur Schule, deshalb bin ich aus reiner Gewohnheit auf der Straße gelaufen.

Ich bin nur deshalb so schnell gefahren, weil meine liebe Mutter mit dem leckeren Essen auf mich wartet!

Ach so, Sie wollten uns mit Ihren Bewegungen zu verstehen geben, dass wir anhalten sollen. Ich dachte, Sie würden hier Ihre Morgengymnastik machen!

Ich übe für die Tour de France. Sehen Sie das nicht? Und ich habe noch nie gesehen, dass einer der Rennfahrer von einem Polizisten zurechtgewiesen worden ist!

Der Zebrastreifen war viel zu weit weg!

Ich wollte nicht mit dem Fahrrad kreuz und quer über die Straße fahren. Mein Navi ist irgendwie kaputt!

Ich dachte, ich fahre mit meinem Rad eine kleine Abkürzung. Ich wusste nicht, dass es eine Landstraße ohne Fuß- und Radweg ist!

Beim Einkaufen

Ich glaube, ich habe im Radio gehört, dass der Supermarkt das ganze Eis auf die Hälfte reduziert hat. Nur deshalb habe ich den Einkaufswagen damit gefüllt.

Ich dachte nur, weil ja Schokolade viel günstiger ist als frisches Gemüse, lege ich besser das Gemüse zurück und tue stattdessen zehn Tafeln Schokolade in den Einkaufswagen. Nicht gut?

Ich habe mit den zwanzig Gummibärchen-Tüten doch nur vorsorgen wollen. Stell dir doch mal vor, morgen bricht die Hungersnot aus: Unser Gejammer nach Gummibärchen würde dir den letzten Nerv rauben!

Ich kann unmöglich am Ende der Schlange warten.

Ich muss nämlich mal!

Ich hab nur vier Teile und Sie haben fünf - da ist es doch kein Problem, dass ich mich an der Kasse vor Sie gestellt habe, oder?

Ich musste vordrängeln, weil draußen meine Oma im Rollstuhl auf mich wartet.

Ich habe mich nur deshalb vorgedrängelt, weil draußen meine kleine Schwester auf mich wartet.

Ich wusste nicht, dass man sich hinten anstellen muss, wirklich!

Das Gemüse sah schon so verschrumpelt aus.
Deshalb habe ich es lieber zurückgelegt.

Da ich ja in vier Monaten Geburtstag habe, hab ich schon mal einen kleinen Vorrat an Süßigkeiten in den Einkaufswagen gelegt.

Da steht drauf: Mit vielen wertvollen Mineralien! Nur deshalb habe ich die Kekse mit zur Kasse genommen.

Ich weiß auch nicht, wie das Überraschungs-Ei in unseren Wagen gekommen ist, Mama. Der Junge da hinten muss es versehentlich hineingelegt haben!

Ich habe gehört, dass jeder Apfel, der nicht Bio ist, mit schädlichen Chemikalien behandelt worden ist. Ich kann doch nicht zulassen, dass du uns vergiftest!

Das MUSS ich haben – bei den Spielwaren und technischen Geräten …

Dieses neue Computerspiel soll in erster Linie die Konzentration, die Koordinationsfähigkeit und das logische Denken fördern. Nur deshalb brauche ich es unbedingt.

Unsere Mathelehrerin hat gesagt, dass ich das Addieren dringend üben muss. Und hier, schau mal, bei diesem Spiel kann man die Dinge, die man abschießt, sicherlich alle zählen!

Nein, das ist kein sinnloses Computerspiel. Es ist absolut pädagogisch wertvoll und so. Viele Eltern finden es auch toll. Der Sohn des Schuldirektors hat es auch!

Raphael hat auch von seinen Eltern ein iPad bekommen. Sie sagen, dass es seine späteren Berufschancen drastisch verbessert, wenn er schon früh lernt, mit den neuen Medien umzugehen. Ich will ja nicht nur so zum Spaß so ein Ding!

In der Schule haben wir neuerdings auch nur noch Whiteboards, keine normalen Tafeln mehr. Wie soll ich denn in dieser modernen Welt mithalten, wenn ihr mir nicht einmal ein Handy kaufen wollt?

Ich bin mir ziemlich sicher, dass Miriam, unsere Klassen-Streberin, auch ein iPad hat und nur deshalb so gut ist. Also, wenn du willst, dass ich in der Schule besser werde, MUSS ich es haben!

Ärger mit den lieben Nachbarn

Wir? In Ihrem Gemüsebeet? Nein, niemals! Wenn Sie ein Schokoladenbeet hätten, dann könnte an dem Diebstahl vielleicht etwas dran sein.

Wollen Sie dafür verantwortlich sein, wenn meine Mutter weint, weil ich ihr nichts zum Muttertag schenke? Die Blumen in Ihrem Beet wachsen doch wieder nach!

Wirklich, Herr Krüger, wir dachten, es sei das Auto von Herrn Berg, als wir es mit Sahne besprüht haben.

„Nein, bestimmt nicht, Herr Müller, der Fußball liegt nur ganz zufällig dort. Hier, das Eichhörnchen war es. Es hat einfach seine Eicheln durch Ihr Fenster geschossen. Ich habe es genau gesehen!"

Sehen Sie es doch als Kompliment, wenn man Ihnen Blumen aus dem Garten klaut: Sie müssen schöner sein als die im Blumenladen, sonst würde man sie einfach dort kaufen. Ist ja viel einfacher!

Wir haben beobachtet, wie riesengroße Kaninchen in Ihren Garten gekommen sind und Blumen aufgefressen haben. Vor allem die roten. Ja, ich sehe auch ganz klar einen Zusammenhang mit dem Muttertag gestern. Kaninchen haben ja auch Mütter.

Natürlich bin ich nicht heimlich weggelaufen, nachdem ich versehentlich den Ball durch Ihr Küchenfenster geschossen habe. Ich wollte nur schnell meiner Mutter Bescheid geben, damit sie die Versicherung anruft.

Nein, ich mache keine Klingelstreiche! Ich sollte für meine Mutter fragen, ob Sie sechs Eier für uns haben. Und gerade als ich auf den Klingelknopf gedrückt hatte, fiel mir ein, dass ich gestern im Kühlschrank noch eine Packung gesehen hatte, und bin losgelaufen.

Wir würden niemals versuchen Ihren Briefkasten mit Böllern in die Luft zu jagen! Ich hatte gesehen, dass ein anderer Junge etwas Brennendes hineingelegt hatte, und da wollten wir es wieder rausholen. Doch leider waren wir zu langsam.

Ich habe beobachtet, wie die Rehe nachts immer Ihre Tulpen aus der Erde ziehen und liegen lassen. Da dachte ich, ich mache Ihnen eine Freude und nehme sie mit, um sie an einer sicheren Stelle einzupflanzen: nämlich in einem großen Topf, den ich Ihnen dann überreichen wollte. Jetzt haben Sie die Überraschung verdorben!

Ich kann nichts dafür. Ich bin süchtig nach den Erdbeeren in Ihrem Beet.

Wir haben Ihren Garten nur – sagen wir mal – ein wenig umdekoriert! Schön, nicht?

Nachdem ich das Auto von meinem Papa mit Wasser abgespritzt und ordentlich geputzt hatte, dachte ich, ich mache Ihnen eine Freude, wenn ich dasselbe bei Ihrem Auto mache. Dass das Dach Ihres Cabrios noch offen war, habe ich leider zu spät bemerkt.

Wir wollten uns nur das Vogelnest in Ihrem Schuppen ansehen!

Oh, das war Ihr Besuch? Hätten wir das gewusst, dann hätten wir sein Auto natürlich nicht in Klopapier eingewickelt.

Wir haben Ihr Fahrrad nur deshalb aus Ihrer Garage geholt, um es zu putzen und Sie damit zu überraschen!

Wir wollten wirklich nicht, dass Ihr Wellensittich wegfliegt. Wir hatten nur gewettet, ob er überhaupt fliegen kann, weil er ja immer im Käfig ist. Tja, wie es aussieht, habe ich die Wette verloren.

Wir haben nur deshalb mit Erbsen auf den Mann vor Ihrer Tür geschossen, weil wir dachten, es sei ein Einbrecher. Dass es sich um Ihren neuen Chef handelt, wussten wir nicht. Er sah eben eher aus wie ein Einbrecher!

Wissen Sie, die Erdbeeren aus Ihrem Vorgarten sind einfach die besten! Wenn man die einmal gegessen hat, kann man nicht mehr die Finger davon lassen, ob man will oder nicht!

Mein Fahrrad ist von ganz alleine gegen Ihr Auto gefallen.

Wir haben die Steine nur aus Ihrem Beet gesammelt, weil wir dachten, dass dann Ihre schönen Blumen besser wachsen könnten. Wir wussten wirklich nicht, dass es Ziersteine sind.

Die Kirschen an Ihrem Baum mussten dringend vor den Vögeln gerettet werden. Erst wollte ich ein Netz darüberspannen, doch dann habe ich sie lieber aufgegessen.

Wir haben nicht versucht von der Mauer aus Ihre Äpfel zu klauen. Wir haben nur Gymnastik gemacht.

Ich wollte Ihren Keller nicht unter Wasser setzen. Beim Sprengen unserer Rosen war ich nur gerade so in Fahrt, dass ich dachte, ich bewässere Ihren Garten auch gleich mit.

Frau Maier, tut uns leid, dass wir Ihren Kleiderschrank für unsere Modenschau durchsucht haben. Aber Sie haben einfach weit und breit den besten Geschmack!

Wir haben Ihr Dach nicht einfach so mit Steinen beworfen. Auf Ihrem Dach saß ein grausamer Drache und wir wollten Sie vor ihm bewahren!

Wir wollten Ihnen die Reifen nicht zerstechen, glauben Sie uns. Wir wollten nur diese lästigen Kieselsteine für Sie aus dem Profil Ihrer Reifen kratzen!

Mama und Papa nehmen es nicht so genau mit unserem Rasen. Deshalb konnten wir nicht ahnen, dass das Betreten Ihres Vorgartens verboten ist. Tja, und das mit den Löchern im Rasen vom Fußballspielen tut uns leid.

Es tut uns wirklich leid, dass Ihre Hühner alle ausgebüxt sind. Wir wollten doch nur mal gucken, ob sie wieder Eier gelegt haben, und Ihnen dann die Eier gleich ins Haus bringen. Ja, und über dieser Wohltat haben wir wohl vergessen das Tor zu schließen.

Wir wollten nicht Ihren Garten ruinieren. Und nein, an uns sind auch keine Schatzsucher verloren gegangen. Wir wollten nur den Maulwurf fangen, der Sie, uns und all die anderen Nachbarn seit Wochen schikaniert!

Geheimtipps von uns Kindern

für

Lehrer, Eltern und Großeltern

Meckern eure Eltern ständig an euch rum?

Sind eure Lehrer grundsätzlich mit euren Leistungen unzufrieden? Dann gebt ihnen doch ein paar wertvolle Tipps ...

Wenn Sie in jeder Stunde Bonbons verteilen, vergisst garantiert keiner Ihrer Schüler jemals wieder seine Hausaufgaben!

Wecken Sie Ihre Schüler nicht, wenn Sie im Unterricht einschlafen. Ausgeschlafene Kinder sind nachweislich deutlich leistungsfähiger und ausgeglichener!

Lassen Sie Ihre Schüler ruhig im Unterricht miteinander reden. Der stetige kommunikative Austausch wird den Informationsfluss merklich verbessern!

Überlassen Sie den Gebrauch von technischen Medien während des Unterrichts Ihren Schülern. Sie werden staunen, wie stark der Unterricht dadurch bereichert wird!

Backen Sie wöchentlich einen Schokokuchen für Ihre Klasse. Sie werden die beliebteste Lehrerin der Stadt.

Wenn Sie jede Stunde fünf Minuten später beginnen, kommt bestimmt niemand zu spät!

Beenden Sie jede Unterrichtsstunde fünf Minuten früher, dann endet jede Stunde in Harmonie und Wohlwollen.

Rufen Sie nie bei den Eltern an, wenn sich einer Ihrer Schüler danebenbenommen hat. Ihre Schüler werden langfristig eine Menge Respekt vor Ihnen bekommen, wenn Sie es im Gegensatz zu Ihren Kollegen schaffen, die Probleme so zu lösen!

Wenn Sie Fernsehen zu jeder Tageszeit erlauben, wird es Ihr Kind gar nicht mehr interessieren und nie wieder nur an den Fernseher denken!

Lassen Sie bei den Eintragungen im Klassenbuch auch mal fünfe gerade sein. Dann werden Ihre Schüler beim Lästern auf dem Schulhof auch das ein oder andere Haar an Ihnen lassen.

Übernehmen Sie alle Aufgaben für Ihr Kind und es wird ein Musterschüler!

Lassen Sie Ihre Schüler voneinander abschreiben. Die anderen Lehrer werden Sie um die überdurchschnittliche kollektive Intelligenz Ihrer Klasse beneiden!

Wenn Sie sich nicht in die Ordnung des Kinderzimmers einmischen, wird Ihr Kind sich irgendwann automatisch darin unwohl fühlen und es von ganz alleine aufräumen wollen.

Wenn Sie immer nur die Lieblingsgerichte Ihrer Kinder kochen, brauchen Sie nie wieder gegen schlechte Tischmanieren anzukämpfen.

Wenn Sie Ihrem Kind immer so viele Süßigkeiten mit zur Schule geben, dass es für die ganze Klasse reicht, wird es immer viele Freunde haben und auch gute Noten - denn es darf bei allen abschreiben!

Wenn Sie Ihrem Kind täglich nur Schokolade geben, wird es bald von selbst nach Obst und Gemüse fragen und nie wieder etwas anderes essen wollen.

Lassen Sie Ihr Kind selbst entscheiden, wann es ins Bett geht. Spätestens nach drei Tagen wird es um 19 Uhr dankbar fragen: Darf ich ins Bett gehen?

Unterstützen Sie die Glaubwürdigkeit Ihrer Kinder, indem Sie Ihnen freiwillig eine Entschuldigung ausstellen, wenn sie mal die Schule schwänzen!

Wenn Sie das Taschengeld Ihres Kindes erhöhen, räumt es täglich sein Zimmer auf!

Kündigen Sie Vokabeltests immer vorher Ihren Schülern an. Sie werden sehen: Die Noten sind dann viel besser!

Sagen Sie nie: Du musst noch Mathe lernen! Nur wenn Ihr Kind selber darauf kommt, ist es effektiv. (Das kann lange dauern, deshalb müssen Sie Geduld haben!)

Kaufen Sie Ihrem Kind ein Smartphone. Dies eröffnet neue Möglichkeiten.

Ihr müsst euren Großeltern erklären, wie sie die coolsten Großeltern der Welt werden. Am besten haltet ihr ihnen einfach nur die folgende Liste vor die Nase!

Erlauben Sie Ihrem Enkelkind alles, was es zu Hause nicht darf.

Holen Sie Ihr Enkelkind ausschließlich mit dem Motorrad von der Schule ab.

Erklären Sie Gemüse zu einem völlig überbewerteten Lebensmittel und servieren Sie ordentlich Pommes und Schoko-Pudding!

Bessern Sie Ihrem Enkelkind regelmäßig dasTaschengeld auf.

Unterstützen Sie den Umgang mit den neuen Medien und kaufen zum Beispiel ein Handy oder ein Tablet-PC.

Backen Sie Ihrem Enkelkind jeden Sonntag seinen Lieblingskuchen.

Halten Sie im Zweifel immer zu Ihren Enkelkindern,
nicht zu Ihren Kindern!

Kaufen Sie Ihrem Enkelkind im Sommer täglich ein Eis.

Bringen Sie Ihre Enkelkinder immer wieder zum Staunen, indem Sie Dinge mit ihnen machen, die sie niemals von Ihnen erwartet hätten (z.B. Spaghetti mit der Schere essen)!

Ihr Enkelkind hat was ausgefressen? Dann schimpfen Sie nicht, sondern erzählen Sie ihm von Ihren größten Streichen aus der Kindheit.

Machen Sie eine Auflistung Ihrer pfiffigsten Ausreden aus der Schulzeit und geben sie an Ihre Enkelkinder weiter.

Achtung!

Beliebte und häufig verwendete Ausreden

von Erwachsenen

Warum ich die Klassenarbeiten nicht korrigieren konnte ...

Ich habe eure Mathearbeiten gestern nicht fertig korrigiert, weil schon nach der Hälfte mein Rotstift versagt hat!

Ich hatte gestern sowieso einen schlechten Tag. Da hätten mir eure Physikarbeiten grad noch gefehlt.

Ich habe bis nachts korrigiert, um alles fertig zu bekommen. Und dann habe ich die Arbeiten heute Morgen im Flur liegen lassen. So ein Ärger!

Meine Tochter war krank.

Ich hatte die Arbeiten im Lehrerzimmer liegen gelassen.

Da ihr ja immer eine Ausrede auf Lager habt, warum ihr dies oder jenes nicht gemacht habt, möchte ich euch mit gutem Beispiel vorangehen und offen sagen: Ich hatte einfach keine Lust, gestern an diesem schönen Frühlingstag eure Chemieaufgaben zu kontrollieren!

Ich hatte die Lösungen in der Schule vergessen.

Warum ich für diese Aufgabe die Lösung selbst nicht weiß ...

Ihr wisst es nicht? Die Lösung ist ... äh, oh ... Guckt mal da draußen, ein Vogel!

Ich weiß natürlich die Lösung, aber ihr sollt es alleine herausfinden. Deshalb dürft ihr in euren Handys nachschauen!

Ich kann ja nicht alles wissen!

Warum ich das Unterrichtsmaterial nicht dabei habe …

Ich dachte mir, wir machen heute mal eine kreative Stunde!

Ich dachte mir, wir üben heute mal Improvisation.

Meine Frau muss es heute Morgen versehentlich in ihre Tasche gesteckt haben.

Ich habe mich auf dem Plan verguckt und bin davon ausgegangen, dass ich heute nur in der Parallelklasse unterrichte!

Standard-Ausreden von Eltern und Großeltern, die immer gehen ...

Ich bin dafür zu alt.

Dafür bin ich noch zu jung.

Früher hätte ich das natürlich gekonnt.

Weil ich es sage.

Trotzdem.

Warum sie euch gerade etwas nicht erklären können ...

Nicht jetzt, ich muss noch ...

Keine langen Diskussionen – du musst jetzt ins Bett!

Iss erst einmal auf! Dann sehen wir weiter.

Morgen ist auch noch ein Tag.

Am Tisch, wenn das Essen nicht schmeckt ...

Aber es ist gesund!

Wenn du den Spinat isst, wirst du so stark wie Popeye!

Wenn du nicht aufisst, scheint morgen nicht die Sonne!

Möhren sind gut für die Augen! Oder hast du schon mal ein Kaninchen mit Brille gesehen?

Wenn sie abends ihre Ruhe haben wollen ...

Ihr müsst jetzt ins Bett, damit ihr morgen fit für die Schule seid.

Der Film, den wir uns ansehen, ist eh nichts für euch.

Du willst doch größer werden, oder? Tja, wachsen kann man nur nachts im Schlaf!

Oje, du siehst ja schon ganz müde aus. Na, dann mal lieber gleich ab ins Bett!

Wenn Oma oder Opa mal wieder keine Lust hat, lang zu diskutieren, und es einfach praktischer ist, es zu erlauben: Oma- und Opa-Ausreden gegenüber euren Eltern!

Ich wusste ja gar nicht, dass er/sie das normalerweise nicht darf!

Och, es ist doch nur eine Ausnahme.

Er/sie ist doch noch so klein.

Er/sie hat es sich so doll gewünscht!

Schau doch mal, wie sehr er/sie sich freut. Da bekommt man es doch nicht übers Herz, Nein zu sagen!

Wenn er/sie bei mir ist, soll es was Besonderes sein. Lass uns doch das Vergnügen!

Er/Sie ist so selten bei uns.

Schau doch nur mal seine/ihre Augen an, wie sie vor Begeisterung leuchten!

Schnellzugriff für die wichtigsten Notlagen

PF 500380, 22703 Hamburg

Konzept und Text: Avalon Koeppl, München
Illustration: Cornelia Seelmann, Berlin
Satz: awendrich grafix, Hamburg
Printed in Germany
0113550144
ISBN 978-3-8455-0144-4
www.xenos-verlag.de
www.facebook.com/nelsonverlag